계단을 사색함

계단을 사색함

초판 1쇄 발행 2016년 5월 4일

지은이 | 박석우
펴낸이 | 김예옥
펴낸곳 | 글을읽다

16007 경기도 의왕시 양지편로 37(2층)
등록 2005.11.10 제138-90-47183호
전화 031)422-2215, 팩스 031)426-2225
이메일 geuleul@hanmail.net

본문 디자인 | 조진일
표지 디자인 | 이대일

ISBN 978-89-93587-17-3 03100

* 책값은 뒤표지에 표시되어 있습니다. 파본은 바꾸어 드립니다.

계단을 사색함

글을 읽다

| 작가의 말 |

젊은 어느 날, 산나물을 채취하러 산속을 헤매다가 풍화작용 때문에 형체를 알아볼 수 없게 된 동물의 머리뼈를 마주했다. 과거의 어느때쯤 이 숲을 뛰어다니던 놈이었을까. 이제는 거센 바람과 오랜 햇살에 깎여 덩그마니 남은 머리뼈와 마주하자니 새삼 세월과 생명의 무상함에 고개가 숙여졌다. 평소 여행을 좋아하여 이곳저곳을 다니다보니 이처럼 수많은 뼈들을 만난다.

내가 마주한 계단들은 인간들이 남긴 그 옛날의 문명 뼈이다. 잉카의 마추피추도, 만리장성을 오르는 계단도, 앙코르와트의 신전도 모두 계단이다. 진시황이 하늘에 제사를 지냈다는 중국 태산을 오르는 길은 모두 돌계단이었다. 돌을 조립한 것이 아닌 돌을 깨면서 계단이 만들어졌다. 산사를 오르는 흙 계단의 풍미, 고딕성당 종탑을 오르는 계단에서 내려다본 도시풍경, 지하철로 내려가는 지하의 깊은 계단, 별을 보기 위해 이층으로 옥상으로 오르는 나무계단…….

계단이란 무엇일까? 지배자와 피지배자의 경계선, 혹은 계급적인 등고선을 그린 지도?

법으로 금했지만 아직도 건재한 인도의 카스트 제도도 이미 오래전 굳어진 계단일 것이다.

요즘 금수저나 은수저, 흙수저라 칭하는 신조어도 개인의 경제적 처지를 빗대어 나온 은어이고, 학생들에게 공부를 잘해야 행복한 미래를 보장한다는 말도 공부를 통해 계급을 상승시키고 경제적 안정을 바라는 부모들의 열망이 담겨있다.

계단은 권력이나 경제적 상징성뿐 아니라 인간의 다양한 욕구를 의미한다. 정복하고 싶은 욕구와 경쟁하고 싶은 욕구, 더 많이 알고 싶고 더 높이 오르고 싶고, 더 좋은 옷, 더 좋은 집, 더 맛있는 음식을 먹고 싶고 이 욕구의 멍에를 벗어던지고 싶은 초자아의 욕구까지 계단 위에서 벌어지는 삶의 다양한 몸짓은 지칠 줄 모른다.

계단은 인간이 가지고 있는 총체적 산물이자 아직도 현재 진형형인 고뇌이다. 도대체 이 계단 문제를 어떻게 해결할 것인가? 인류사를 출렁이게 한 수많은 혁명과 이데올로기와 전쟁, 종교와 철학, 사회와 예술의 화두는 계단에 대한 고뇌로부터 시작되었다고 생각한다. 옛날에도 고민했고

현재도 고민하고 있으며 미래에도 고민해야 한다.

이 글은 2년여 동안의 사색의 결과이다. 학생들이 시험 볼 때 사용하는 컴퓨터용 수성사인펜을 가지고 손 가는 대로 편하고 단순하게 그림을 그렸다. 기교가 없이 그렸으니 그림은 보는 사람의 생각을 방해하지 않고 최대한의 절제와 단순함이 오히려 독자들을 사색으로 이끌어줄 것이라 믿는다.

2016. 3.

박석우

걸음을 멈춤.

그곳에 계단이 있었다. 생각 없이 걷다가 하마터면 턱에 걸려 넘어질 뻔했다.

계단은 어떻게 생겨났을까? 평평한 땅에 어느 날 계단이 생겨났을 것이다.

좀 더 높은 자리에서 다르게 살고 싶은 사람이 계단을 만들었을까?

그러자 같은 마음을 먹은 다른 이가 그 계단의 수평 위에 또 다른 금을 그었겠지?

우리는 그렇게 만들어진 계단의 어느 지점에서 태어났다. 문화나 종교, 환경이나 인종, 빈부의 격차. 어느날 우리는 자기가 태어난 지점에 대한 깊은 사색의 시간을 갖게 된다.

나는, 계단의 어디쯤에서 서성대는 내 존재의 가치를 정립하기 위해, 계단 전체를 사색해보는 통찰이 필요하다는 것을 느꼈다.

계단이란 무엇일까? 계단은 어떤 놈일까? 그 위의 나는 또 누구일까? 계단을 모르면서 어찌 삶을 안다고 할 수 있을까?

녀석을 사색하는 여행을 떠나자.

앞에 놓인 계단을 올라가야 할지 말아야 할지 사람들은 망설인다.

이 첫 계단만 오르면 그 다음부터는 두려움 없이 계속 오를 것이다. 하지만 그리 쉽지 않다. 첫 계단을 향해 발을 떼기가 제법 어렵기 때문이다.

처음에는 쉬운 듯하다.

“이거 별거 아니네. 한번 뛰어올라 볼까!” 하지만 어느 정도 오르면 숨이 가쁘고 다리가 아프고 곧 엄청 후회하게 된다.

계단을 오르는 사람들은 중간을 생각하지 않고 그 끝을 생각한다. 그래야만 체력 안배도 되고 목표도 이루는 것이다.

처음 계단을 올라갈 때는 더 높은 계단을 바라보며 오르지만, 일단 어느 정도 오르고 나면 성취감에 자꾸 밑을 보고 싶어진다.

"그 계단에서 거짓말 하시는 것은 아니신지요? 저는 곧 알 수 있어요."

우리는 종종 조금 더 앞서가는 사람들에게 바보처럼 속아 넘어간다. 조금 더 앞서서 돌아가는 사정을 알았다고 뒤따라오는 사람들을 속이고 이익을 취한다. 믿었다가 낭패를 본다.

계단은 절벽과 평지로 되어 있다. 절벽을 오를 때면 힘들고 땀이 나지만, 일단 그 벽을 오르고 나면 평지에서 휴식할 수 있다.

계단을 오를 때만큼은 자신의 몸무게를 완전히 책임져야 한다. 그것도 꽤 오랫동안 버텨야 하므로 계단 길이 만큼의 긴 에너지가 필요하다. 내가 나를 번쩍 들어 올리는 것이다.

"왜 이렇게 몸이 무겁담!"

계단에서 자신이 얼마나 불필요한 무게를 지녔는지, 혹은 그 무게를 책임질 힘이 얼마나 부족한지 생각하게 된다.

나중에는 메고 있던 가방이나 손수건 한 장도 버리고 싶다.

계단은 누가 만들었을까? 이 계단을 만든 사람은 계단 끝의 무엇을 본 누구일 것이다.

과연 계단 끝에는 무엇이 있을까?

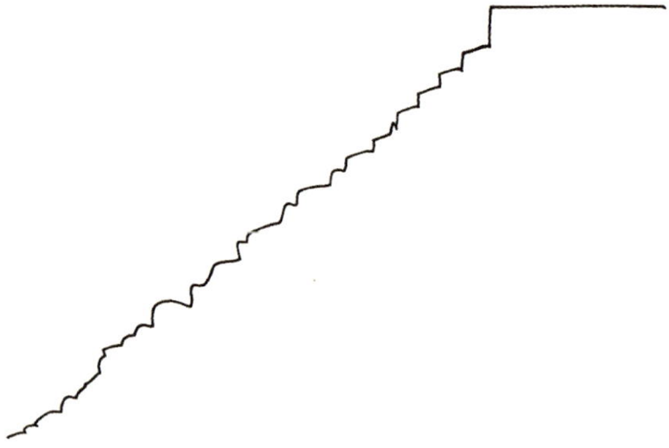

계단을 오르면서 사람들은 많은 생각을 실타래처럼 풀어 낸다.

계단을 오르며 걱정이나 고민거리를 가지고 끙끙거린다. 내려갈 때는 제발 가벼워야 할 텐데…….

오르면 오를수록 가벼워진다면 얼마나 좋을까?
그럼 계단 끝에서 날아갈 텐데~

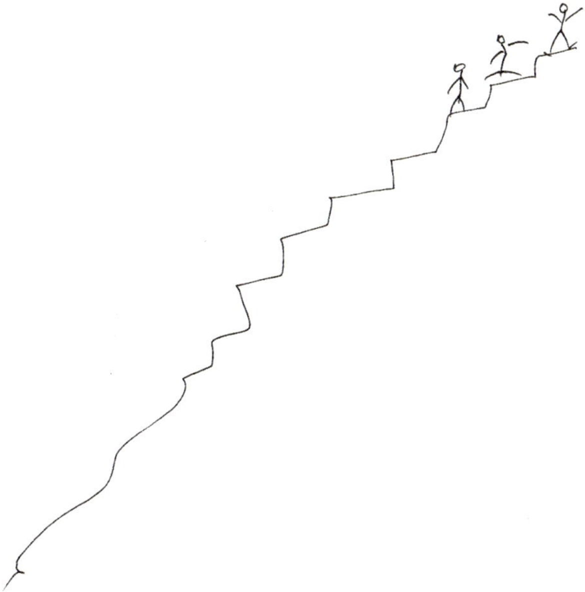

계단 밑에서 계단 위로 도망가는 사람도 있다. 아주 멀리 도망갔다고 생각될 때 안도의 한숨을 내쉰다. 하지만 보이지 않는 끈이 어느 날 갑자기 도망자를 잡아당긴다. 그리고 결국 끈을 따라 다시 밑으로 내려간다.

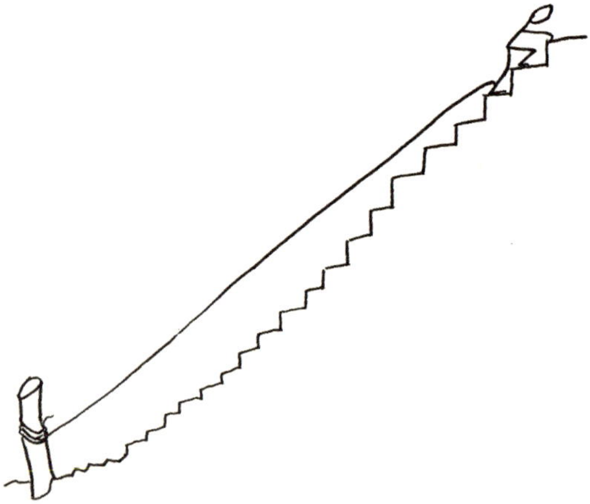

계단에는 서열이 있다.

아이러니한 것은 가장 꼭대기의 포식자가 가장 밑의 바이러스나 세균에게 잡아먹힌다는 사실.

내 다리를 접지 않으면 결코 계단을 오를 수 없다. 하나를 버려야만 하나를 얻을 수 있다. 위로는 접고, 아래로는 뻣뻣하게 굴어야 오를 수 있는 것인가?

박 부장님, 사장님께는 머리가 땅에 닿을 듯 인사하면서 우리한테는 목에 힘만 주시네요!!

무릎을 꺾었다 펴며 우리 몸에서도 수많은 계단이 만들어졌다가 사라진다.

계단을 오르다가 한 장소에서 오래 쉬면 그곳이 그의 삶의 터전이다. '아, 이곳에 그냥 정착해!!'

어느 계단이나 그 계단 높이의 평면이 있다.

막상 계단 끝에 다다르게 되면 허무해지거나 두려워지지 않을까?

같은 계단을 오르는 우리는 서로 비슷하다. 동행자이다.

좋은 향기를 품은 저 사람 밑에서 일하면 행복할 거야!

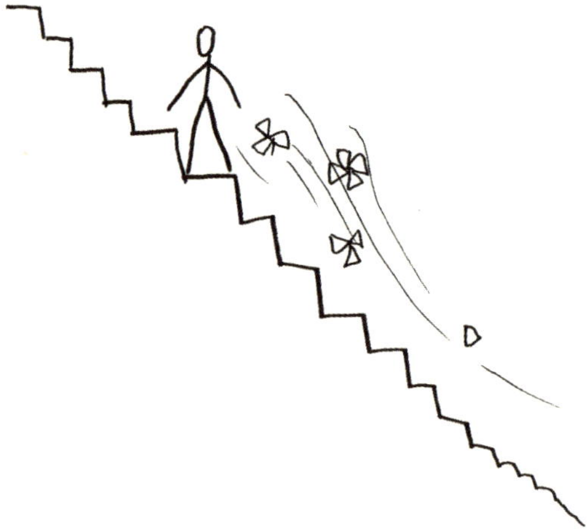

이유 없이 목표 없이 계단을 오르는 사람들이 많다. 남들이 가니까 나도 무리에 섞여서 아무 생각 없이 따라간다.

계단이 규칙적으로 진행된다는 것은 다행일까? 불행일까? 평화롭고 안정감을 주는 반복성은 구체적 계획을 세우게 하고, 예상한 대로 목표에 도달할 수 있게 한다. 하지만 재미없는 반복성은 긴장감을 흐트러뜨리고 리듬을 깨친다. 결국 진행이 멈춰질 수도 있다.

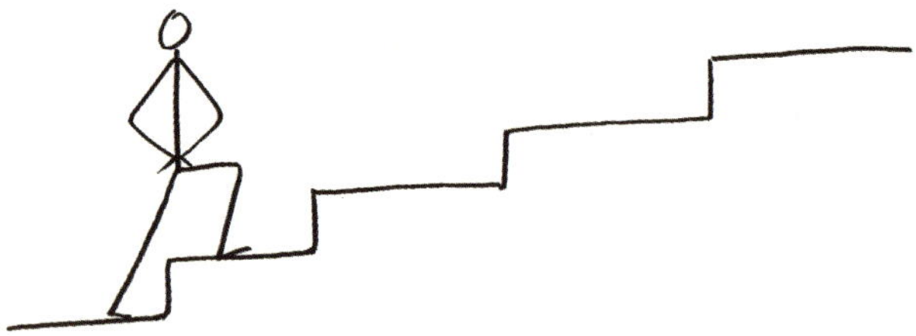

계단 정상까지 왔을 때, 자기가 지겹다고 여겼던 출발점이 그리워진다. 그 평지가 이 좁은 계단보다 넉넉하고 아름답게 생각된다.

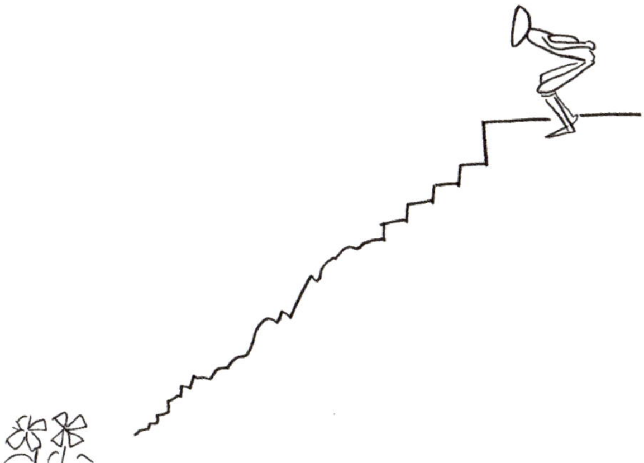

계단을 오르는 것보다 더 중요한 것은 왜 오르느냐는 것이다. 내용 없는 형식은 쭉정이에 불과하다.

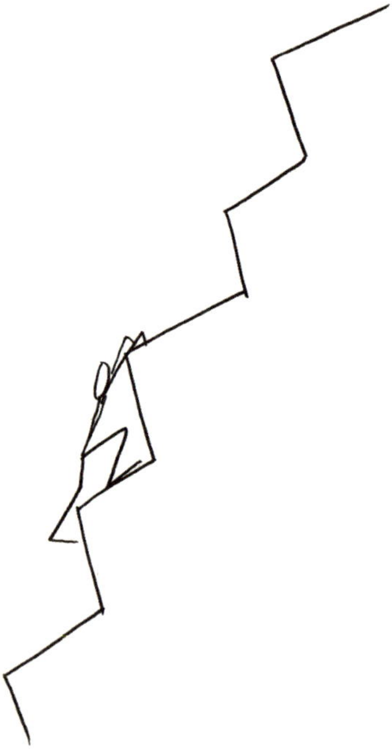

당신이 오른 계단이 당신을 아름다운 사람으로 기억해야 할 이유가 있어야 한다.

계단을 오르다 보면 쉬어가기 좋은, 혹은 쉬어가야만 하는 계단이 있다. 에너지를 충전해 주는 곳이다. 그곳이 나무 그루터기이거나 샘터이거나 한적한 공터일 수도 있다. 힘들 때마다 찾아가 몸과 마음을 내려놓자.

계단 위에서 느낄 기쁨과 슬픔의 무게가 같다면 당신은 계단을 오를 것인가? 우리는 다가올 미래를 행복으로만 채우고 싶어한다. 하지만 과거를 뒤돌아보라! 지난날이 행복하기만 했었나?

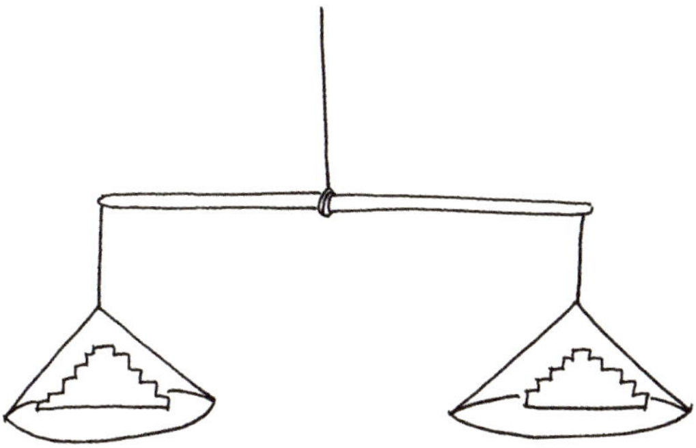

주말이 없다면, 일요일이 없다면 우리의 삶은 얼마나 피곤하고 어려워질까! 아름다운 주말계단 위하여~

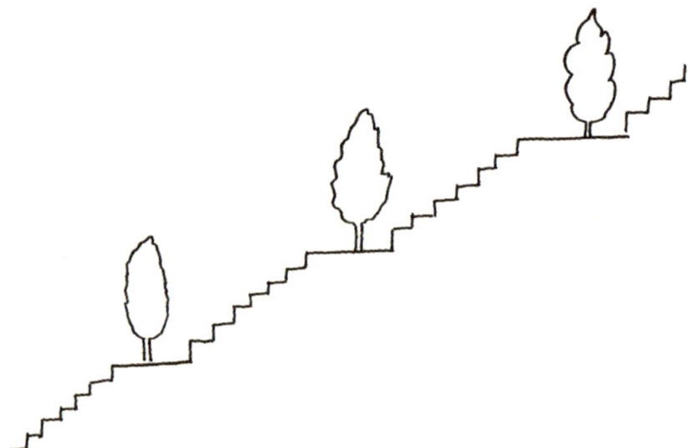

마음이 급하더라도 계단을 두서너 개씩 오르려 하지 말자. 계단도 꼭꼭 씹어먹는 음식처럼 한 계단 한 계단씩 소화를 시키며 가자.

높은 계단에 서 있으면 키가 커 보인다.

계단을 오를 때 마음이 먼저 오른다. 마음이 오른 후 몸은 마음이 낸 길을 따라 오른다.

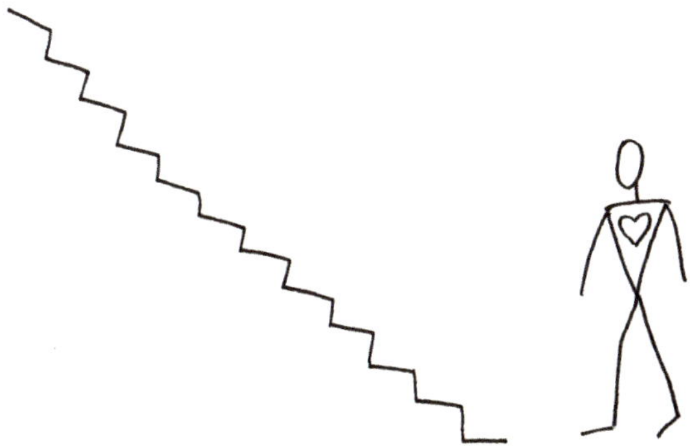

어느 계단에서나 너에 대한 생각이 난무했다. 도대체 이 많은 계단 중 어느 계단에서의 생각이 변할 수 없는 진실이었을까? 마지막 계단으로 갈수록 결론과 가까워지는 것일까?

낮은 계단에서 보는 것과 높은 계단에서 보는 것은 차이가 있다.

지금 이 계단이 내 무덤일까?

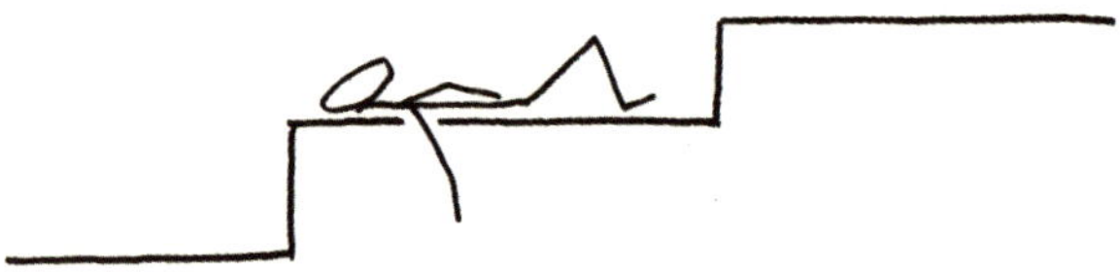

계단은 남에게 상처를 주거나 받기 쉬운 곳이다.

단 남에게 베풀기에도 참 좋은 곳이다. 힘겹고 절실한 곳일수록 더욱 그렇다. 어려운 상황에서 그 사람의 본모습이 나온다.

어떤 사람은 계단을 올라갈수록 권위적으로 바뀐다.

모르는 누군가를 위해 힘들여 올라왔던 계단을 다시 내려 갈 수 있을까? "저 사람이 모자를 줍기 위해 더 많은 계단을 내려오는 것보다 힘들어도 가까운 내가 가서 주워야지!"

상사와 내가 서로 갈등할 때, 가치관이나 생각이 다를 때 이것을 해결할 지혜로운 방법은 무엇일까?

대화? 저자세? 토론? 인내? 더 위 계단과 친하게 지내는 방법? 나를 알아주는 계단으로 떠나는 방법?

경쟁자가 없다면 노력할 마음이 생길까?

행복은 정말 상대적인가?

인생은 저 혼자만을 위해 가는 길이 아니다.

계단은 책들이 가득한 서재다. 계단 하나하나는 위대한 스승이다. 내가 지금 가고 있는 계단은 인생에 한 번뿐인 특별한 경험이고 다시 만날 수 없는 순간이다. 계단은 지식이고 지성이며 놀라운 지혜다.

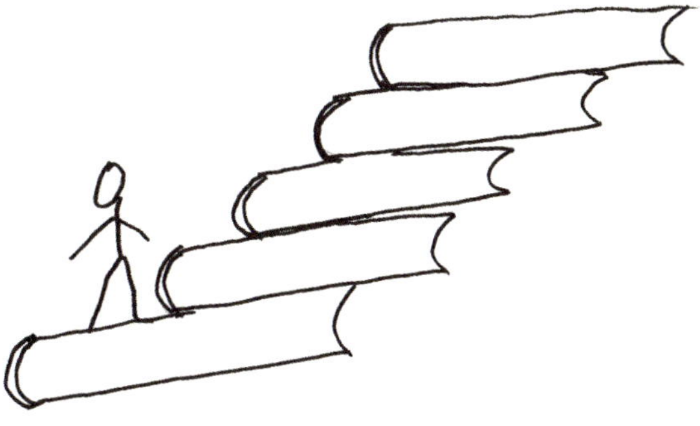

마음 하나 바꾸면 모두가 평지인데 욕심은 끝이 없다.

그곳이 어디든 나는 당신이 있는 곳에 늘 함께하겠습니다. 어느 지옥의 계단도 당신이 있으면 천국이고, 어느 사막이라도 당신 곁이라면 그 그늘이 충분합니다. 이 계단의 끝에서 누군가 우리를 계단의 처음으로 돌려놓더라도 나는 당신과라면 다시 시작하겠습니다.

계단만 보아도 무릎이 아프다?

해보기도 전에 상상하는 게으른 마음이 바로 장애물이야!

"나는 계단을 중요하게 생각해!"

"나는 계단보다 사람을 더 중요하게 생각해"

“지나온 계단들이 지금 내가 있는 계단보다 높아지려 움직이고 있어!”

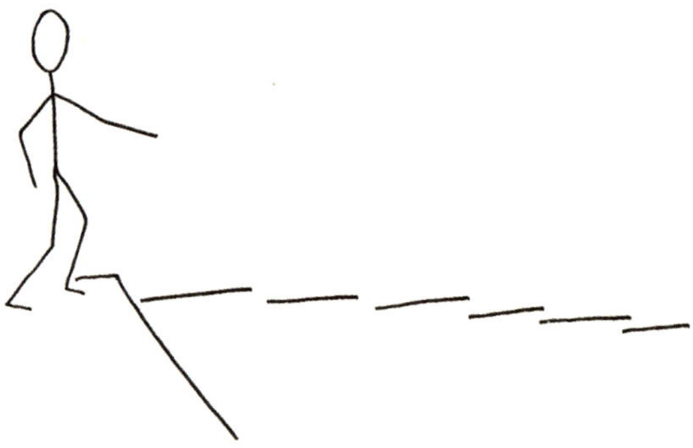

"계단을 오르다 보면 우울해지는 순간도 당연히 있어."

그래도 일곱 계단이 기쁘고 한 계단이 우울하다면 좋았던 거다. 다섯 계단 오르고 한 번의 우울함이 찾아오는 사람도 있고, 세 계단 우울하게 오르고 한 번씩 기쁨이 찾아오는 사람도 있다.

헤어지는 순간이 있다. 사랑하는 부모님이나 친구, 지인과 이별하는 계단. 그날이 언젠가는 온다. 그들과 함께하는 오늘의 계단이 정말 소중하다.

조용히 있고 싶어서 계단을 오른다. 자연의 품속 깊이 둥지를 틀고 싶어서 산에 오르는 사람들이 있다. 대부분의 스트레스는 사람에게서 받는다. 떠나고 싶은 것은 도시라기보다는 말 많고 까다로운 인간군집이다.

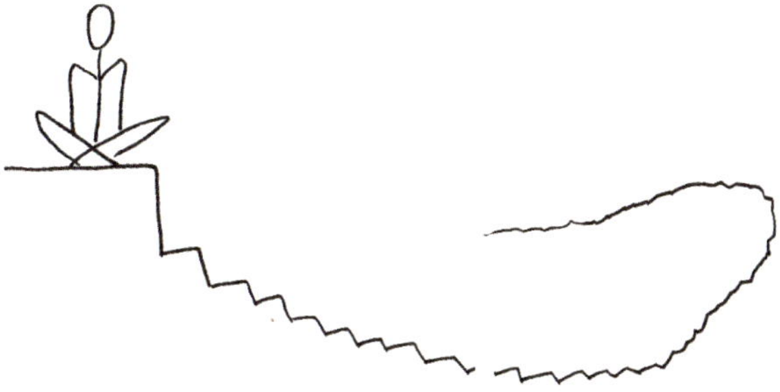

계단은 우리의 무대.

울고 웃고 괴롭고 아름답고 슬픈 곳.

내려갈 것을 생각하면서 오른다.

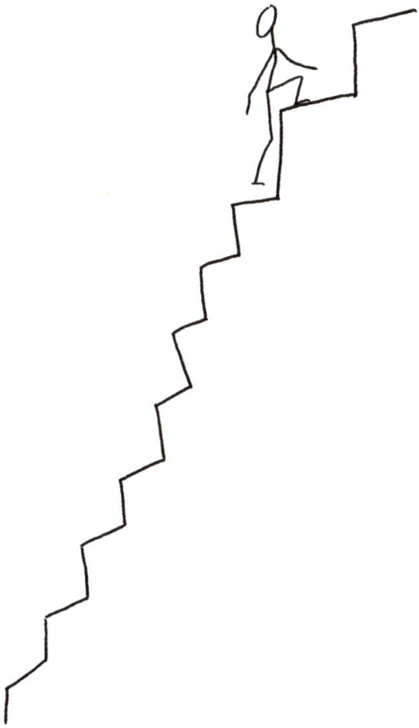

수직을 볼 것인가, 수평을 볼 것인가! 수직이 형식이라면 수평은 내용이다. 수직이 슬픔이라면 수평은 기쁨이다. 확실한 것은 수직 뒤에 수평이 온다는 것이다.

"내가 저곳에 올라가면 더 멀리 볼 수 있어……."
다들 자기가 저 자리에 있으면 더 잘할 것만 같다.

키는 같은 계단에서 재는 것이다.

실력은 같은 상황에서 겨뤄야 한다. 가산점을 주고 게임하면 안 된다. 이놈의 지연 학연을 어찌할꼬!

앉으면 언제나 의자다.

낮에는 수직을 오르고 밤에는 수평에 누워 쉬다.

사회는 노인에게 육교 같은 위험한 계단을 제공하면 안 된다.

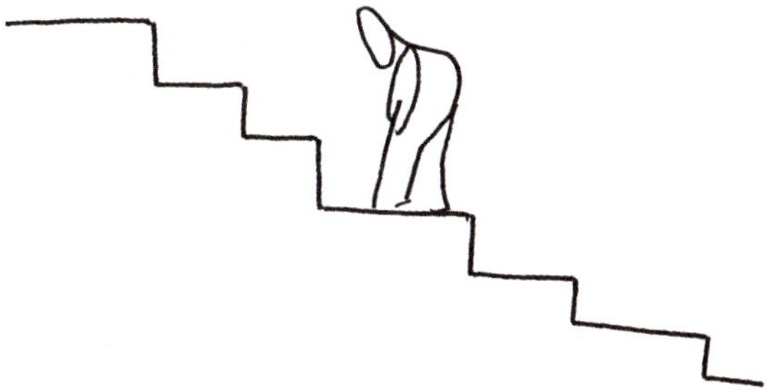

오를수록 외로워지는 이유가 뭘까?

혼자이기 때문이다?

늙어가기 때문이다?

가진 것이 줄어들기 때문이다?

그래! 방법은 일정한 호흡이다!

계단에서는 '빨리빨리' 보다 '천천히'가 통한다.

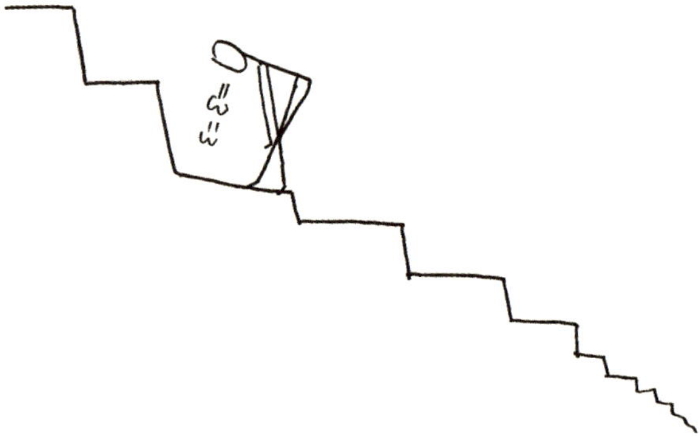

수직보다 수평이 넓어야 행복해지는 거잖아!

저는요, 노력 끝에 넓은 평지가 펼쳐지길 기대합니다. 저곳에서 내 자식들까지 대대로 행복하게 살 수 있도록 제가 이 고생을 하고 있는 겁니다.

저는요, 중간의 어느 지점에서 더 이상 오르지 않아도 행복할 수 있는, 넓은 평지가 펼쳐져 있기를 소망합니다.

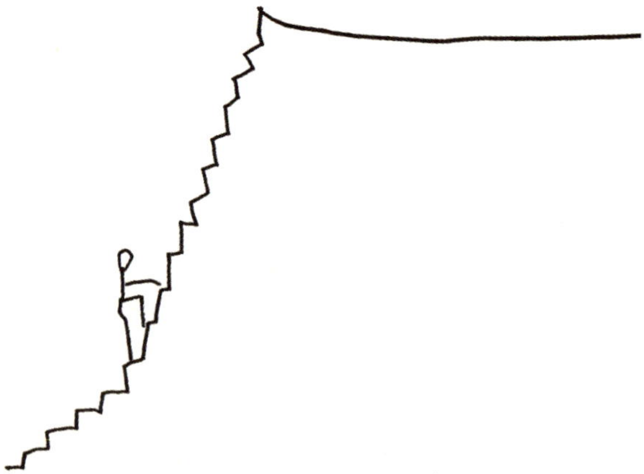

내려오는 것이 걱정되어 아예 못 오른다. 결국 생각이 너무 많아 아무것도 못하게 된다.

이렇게 오르는 재미라도 없으면 인생은 매일 희망 없이 반복되고, 더 단조롭고 더 허무할 거야!

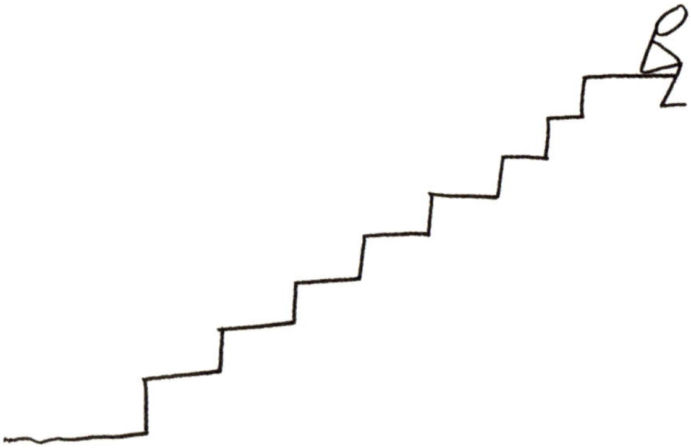

어느 시간에 우리는 같은 계단에서 만났기에 서로 사랑할 수 있었다.

잠깐 만나고 영원히 헤어지다.

중 2병이 휘몰아치는 계단에는 의지할 난간이 필요해!
부모님 말씀은 잔소리처럼 들리고 친구가 필요해!!!

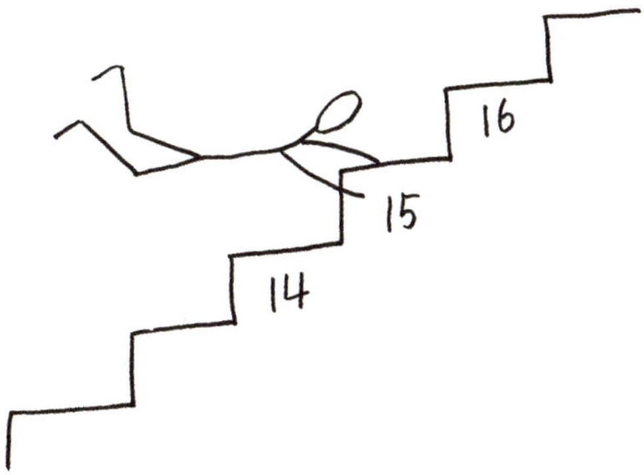

계단의 깊숙한 부분을 들여다보면서 가봐!

높은 곳으로 갈수록 마음 조심하자! 변질되기 쉽다.

나의 성장을 억누르는 것들이 늘 주변에 존재한다.

앞으로 가도 후회, 뒤로 가도 후회할 것 같을 때는 앞으로 가자.

계단은 계속 벽을 넘어가는 것!

목표가 보일 때부터는 힘들어도 힘들지 않다.

저 사람은 남들에게 안 보이는 시간에도 계단을 오른다. 승부는 여기에서 갈린다.

계단은 신발굽이다? 그것도 높은 하이힐.

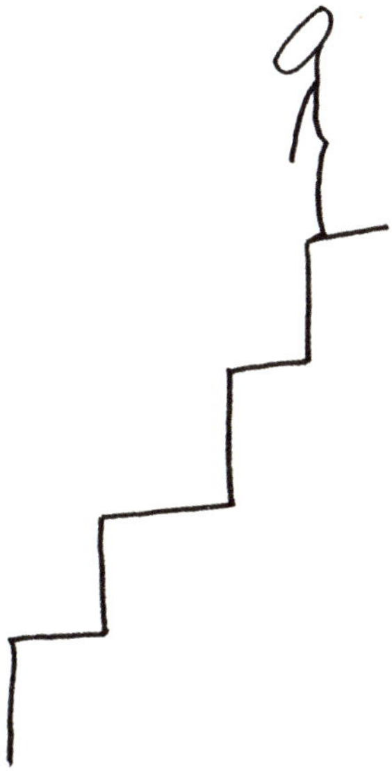

계단 끝에 남들보다 한발 앞서 도착했다고 즐거워하는 심리는 무엇일까?

"뒷산 가는데 등산복이 왜 그리 화려해?"

걸치레+형식+자랑+우월감+명품 = 내적 열등감.

인간은 의식주를 통해서 남들에게 자기 수준을 과시하는 존재니까 그렇군!

저 계단에서 고개 들면 꼭대기한테 쫓겨나는 거냐?

계단의 모서리는 삶과 죽음의 경계다.

우리는 차이와 차별을 하나로 묶길 좋아한다. 성격 차이, 빈부 차이, 학력 차이, 남녀 차이, 외모 차이. 그리고 그것은 그대로 차별로 이어진다. 다름을 인정하지 않고 구별의 잣대로 서열화시키는 태도는, 어느덧 계단처럼 굳어졌다.

이 문제를 해결하지 못하면 다음 계단으로 오를 수가 없어!

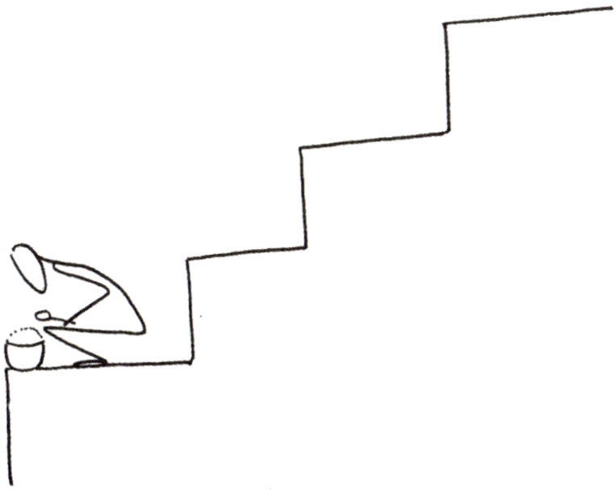

오르면 오를수록 자유로움에서 멀어지는 이 기분은 뭐지?

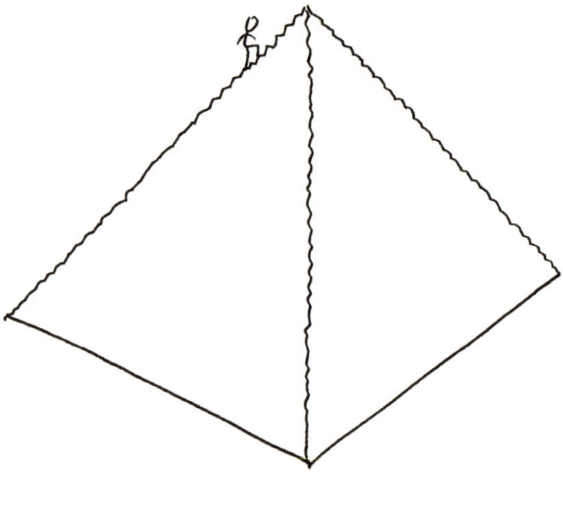

강한 부족에게 밀려 쫓겨 갔던 높은 곳일수록 살기 힘들고, 살기 힘들수록 안전했다.

“그 계단에 있을 때 잘해! 높고 좋은 자리, 행복한 시간은 짧고 빨리 지나가니까.”

“가파른 계단을 오를 때는 지혜가 필요해!”

“헐, 줄잡고 오른 것은 반칙이야!”

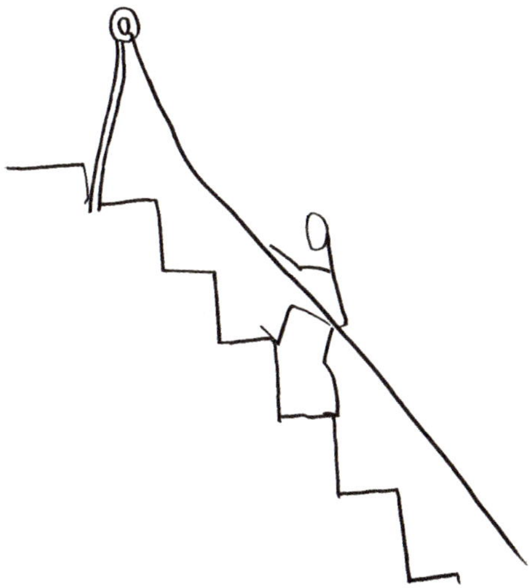

"이렇게 삭막하고 각진 건조한 세상에서 둥글고 원만한 것을 찾을 수 있을까? 곡선을 만나기가 힘들군!"

갈은 평지에 있어도 우리의 개성은 서로 다른 거야!

계단 아래에서 위로 올려다보면 절벽처럼 보인다.

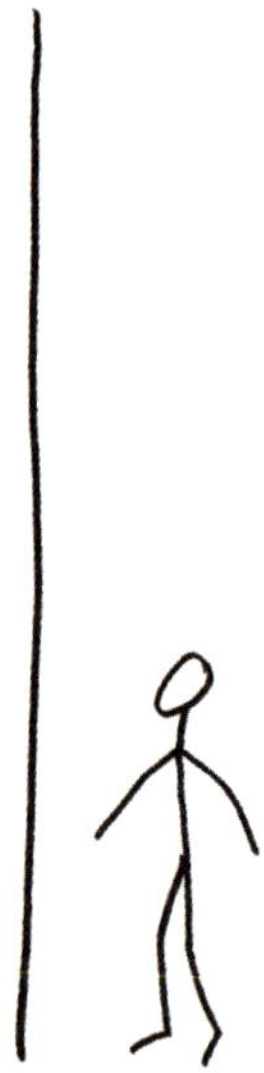

평평해 보이지만 자세히 보니 평평하지 않군!

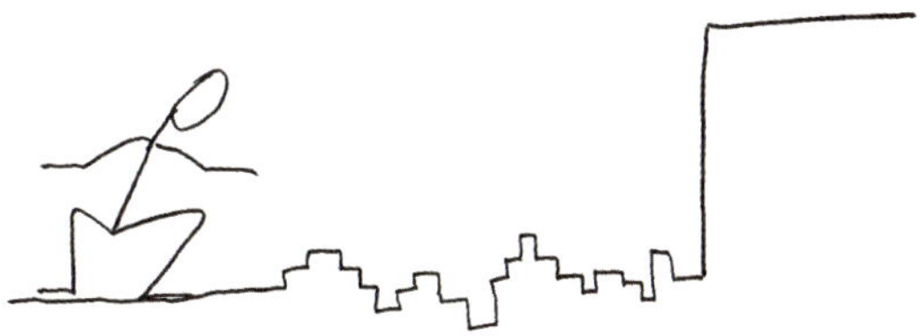

사람들이 가지 않은 다른 길도 있을 거야!

"아버지가 갔던 길, 저도 똑같이 가고 있네요."
"내가 늙어 가면 너는 젊어지는 거다."

정상이 없다면 인간들은 아마 끝없이 오를 거야! 천국까지.

저곳까지 올라야 주변 정리가 되거든!

지나간 자리를 보면 그 사람을 알 수 있다.

이 계단은 천천히 가야겠어!

계단은 원래 계산적인 장치야.

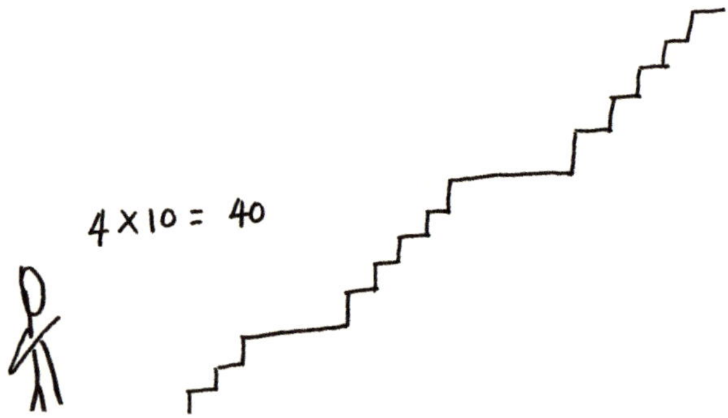

저 계단에서 만난 분으로 인해 내 인생이 바뀌었어.

참 이상하지? 계단마다 비슷한 사람들이 끼리끼리 모여 있다는 것이!

앞 계단에서 무슨 일이 일어날지 몰라. 그래서 지금 행복해!

왜 항상 마음이 앞서갈까. 지금 계단을 다 알지도 못하면서 이미 지나가고 있네!

도움의 손길은 어려울 때 필요하다.
당신의 따뜻한 손을 내밀어주세요.
관심과 배려로 살맛나는 세상
손길이 없으면 차가운 벽만 존재하는 세상.

높은 계단 위에 있는 건축물들이 권위적으로 보이는 이유는 뭘까?

나름대로 잘 살아왔어!

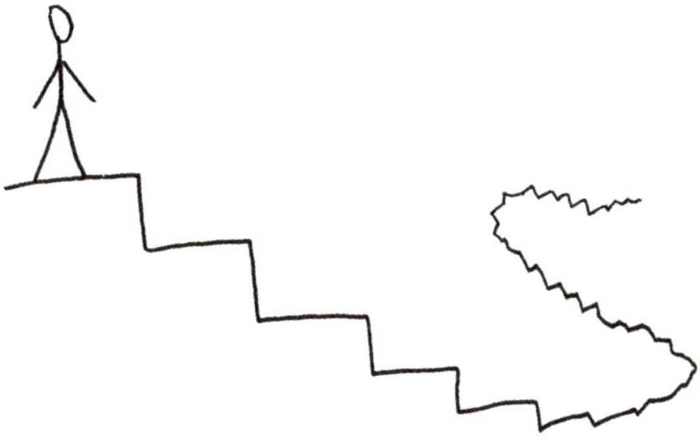

지금까지의 삶!

결국 나 혼자만의 소설을 쓴 걸까?

맑고 좋은 생각을 얻기 위해 걷는다면 믿겠어? 정신도 운동이 필요해!

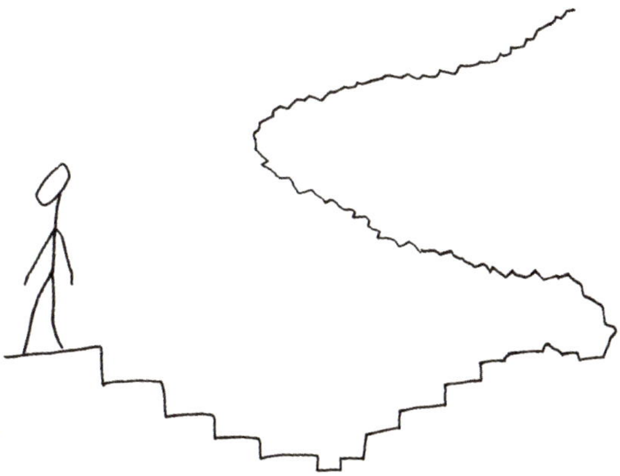

저 '존경의 계단'은 스스로 올라간 계단이 아니고 사람들이 올려주는 계단이야!

저곳에서 멈췄어야 했는데 욕심이 과했어!

오르면 오를수록 다리가 튼튼해지고 있어!

이 계단은 왜 이리 길지?

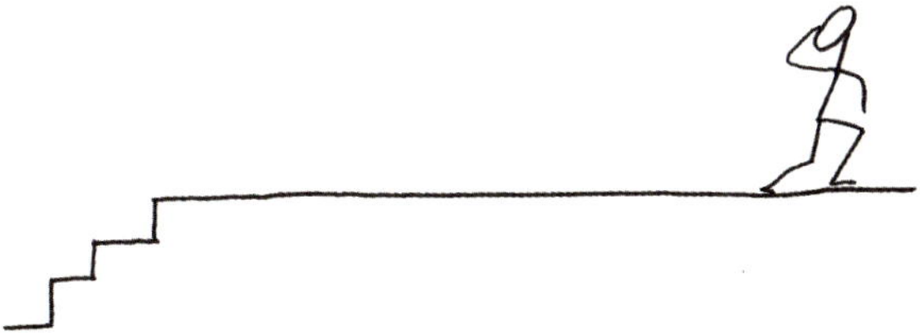

“무엇이 두려워서 내려가지 못하지?”

내게 계단 밑의 세상은 계단 위의 세상보다 더 무섭고 두려운 정글이다.

공부는 중국말로 '쿵푸'다. 몸으로 하는 것이 공부다. 어느 분야든 공부 아닌 것이 없다. 그러므로 한번밖에 없는 인생, 자기가 좋아하는 것을 목표로 하자. "쿵푸 파이팅!"

비탈에도 평면이 있을까?

사실 어려운 곳에 계단이 만들어지는 거야.

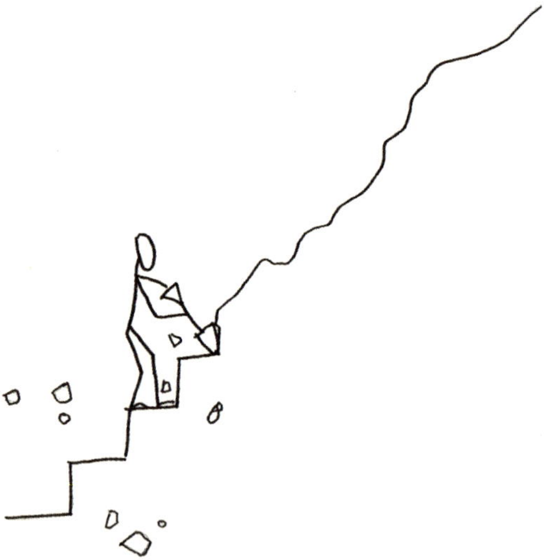

고행의 자리는 더 춥고, 바람 불고, 배고프고, 외롭고, 아프다. 쉽고, 편하고, 행복하고, 즐거운 자리를 택하지 않는 이유는 이런저런 것들에 걸리지 않는 자유로움 때문이다. 그리고 그것은 행동을 통해 얻어진다. 머릿속에서만 맴도는 지식과 언어 유희에 현혹되지 말자.

세상은 계단식 다랑이논 같다. 위에서부터 물을 채우며 내려간다.

계단 위에 올라서서 노래를 불러줘!

예술가는 한 계단 앞서가는 아방가르드, 문화적 리더야.

계단도 좌우 균형을 잡아야만 스스로 높이 오를 수 있어.

계단 아래에서 말하는 소리는 계단 위에서 잘 들리지 않는다.

맑고 향기로운 기운이 가득한 계단, 그런 가족, 그런 사회, 그런 학교, 그런 직장, 그런 삶!

계단은 모르는 것을 알아가는 지적 작업이야!

"얘들아, 너희들은 엄마 아빠가 서 있는 계단에 함께 있는 것이란다."

계단은 규칙적인 느림의 미학이야!

빨리 걸으면 금방 몸이 지치고 규칙을 잃어버리면 얼마 안가서 리듬이 깨지지.

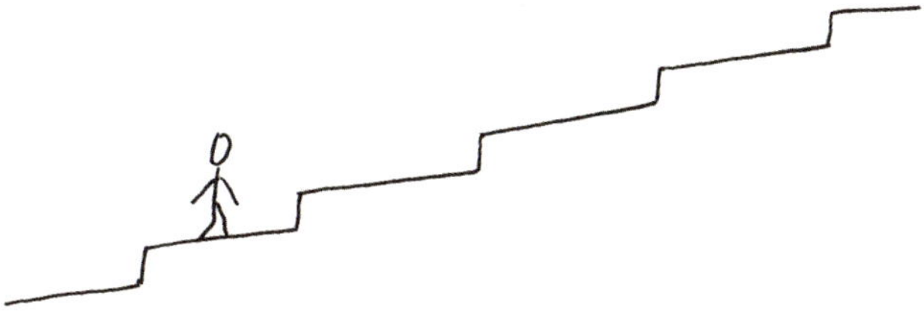

역시 이 계단에도 새로운 길이 연결되어 있군!

어느 계단도 홀로 존재하지 않고 전체 안에 있다.

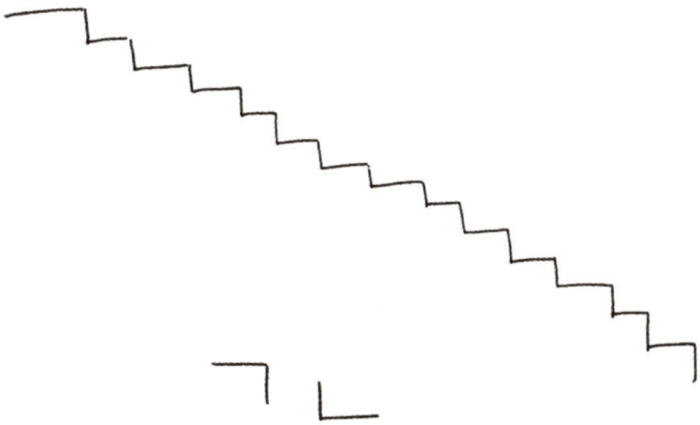

고정관념의 계단은 오를수록 더 견고하고 딱딱해진다. 그 이유는 자기 자신이 자꾸 되씹고 곱씹고 단단하게 다져놓기 때문이다.

“모두 다 새로 놓은 계단으로 몰려갔군.”

계단은 없어지지 않는다. 새로운 계단으로 끊임없이 교체될 뿐이다.

어느 높이에 있건 여러분은 모두 평등합니다. 개인적인 우월의식도 열등의식도 잘못된 관념입니다. 상대방을 존중하면 우월과 열등이 존재하지 않습니다. 평등은 상호 존중 위에 성립됩니다. 인간으로 인한 상처는 인간에 의해 눈 녹듯 사라집니다.

계단 끝에서 야호~ 소리를 지를 때 그 소리가 메아리가 되어 오는 기대감, 계단을 오르며 내 마음이 텅 비어져 그 공명이 좋아졌기를 기대하는 속마음. 역시 계단이 목적이 아니었어. 계단은 그저 수단일 뿐 나 자신이 목적이었어.

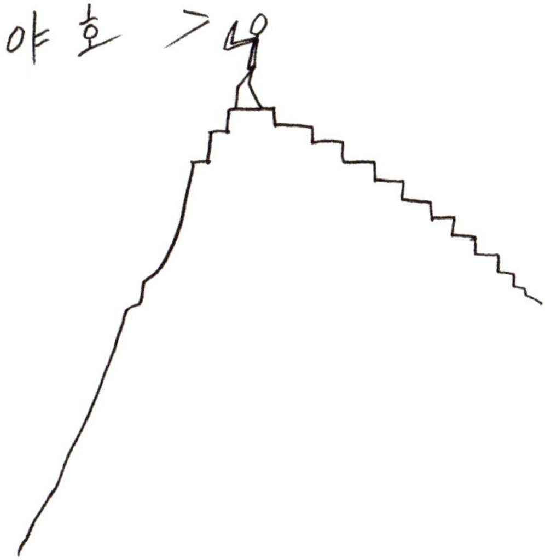

밤이 된다고 계단이 없어지는 것은 아니다. 빛은 가장 높은 곳에 많고, 어둠은 가장 낮은 곳에 많이 쌓인다.

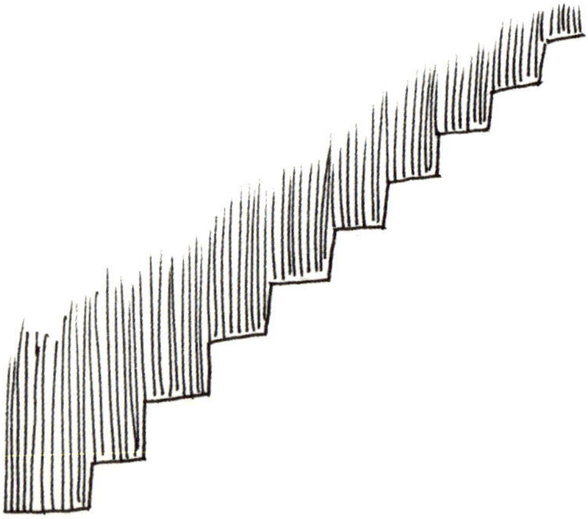

결론이나 목표도 중요하지만 과정은 정말 중요하다. 과정은 삶이고 중심이며 마음이고 가치이다. 사람들이 반 고흐의 그림을 좋아하는 이유는 고흐의 삶, 즉 예술적 과정의 중요성을 알기 때문이다.

아래 계단이 무너지면 다 무너진다.

그렇다면 잠자는 시간동안 우리는 평등해지는 걸까? 무의식도 의식의 그림자이니 결국 살아있는 내내 우리는 불평등하다. 지구상의 어떤 공간도 그 어느 이념도 불평등하다. 다만 평등과 관련된 시도만 있을 뿐!

동상이몽同床異夢

굴레를 뛰어넘지 못하고 우리에 갇힌 동물처럼 좌우로만 왔다 갔다 한다.

어느 계단이든 불안하다. 계급이나 지위는 늘 불안한 것이다. 그래서 사람들은 재산이나 건강, 종교나 친구를 통해 자존감과 믿음을 갖는다.

계단의 양쪽 끝을 잡고 아코디언처럼 연주하면 고음과 중음과 저음의 하모니가 이루어져 아름다운 소리가 나지 않을까?

이 계단이 있어서 저 계단도 있는 것이다.

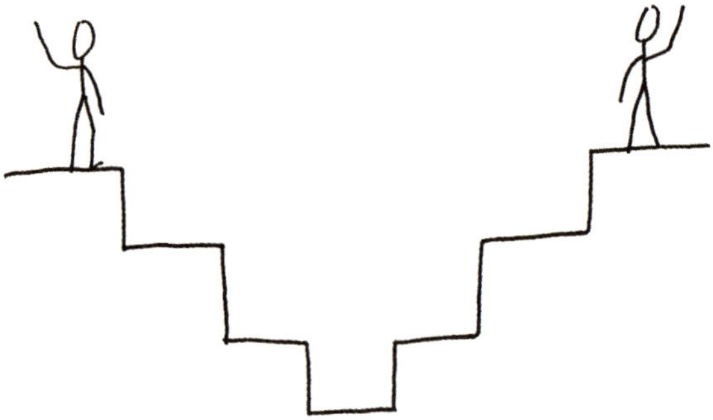

가장 아래 계단과 가장 위의 계단이 서로의 손을 잡고 있다. 계단 위의 사람들도 그래야 하는 것이다.

ㄱ끼리 서로 누르는 줄 알았는데, ㄴ끼리 서로 손을 꼭 잡고 안아주고 있어.

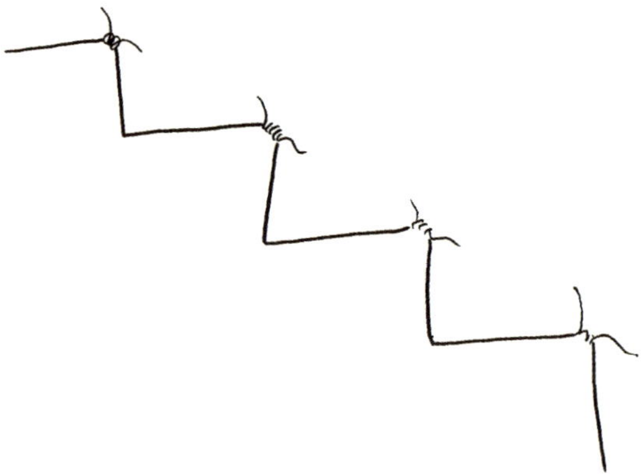

가다보면 유독 바람 많은 계단이 있기 마련이야. 포기하지 말고 씩씩하게 가던 길 가~

오를 때는 서너 개를 앞서 보고 내려올 때는 바로 앞의 계단 하나만 바라본다.

쉽게 오르지 못할 높은 곳에서 만난 사람들은 서로의 가치를 인정한다.

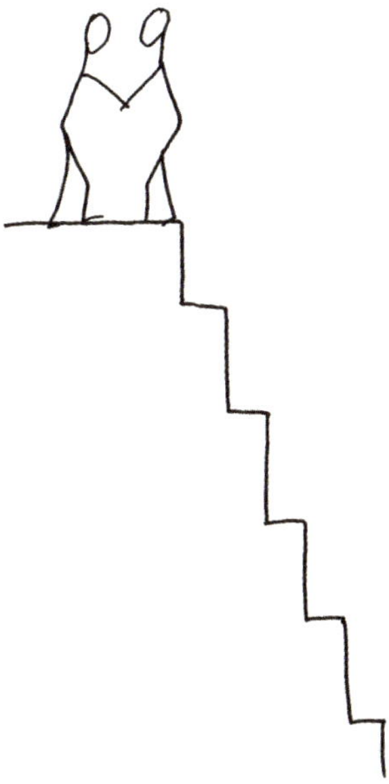

논도 밭도 바다도 벗어날 수 없는 아버지의 계단, 어머니의 계단이야!

올라갈 때도 내려갈 때도 고개 숙여 살펴야 해! 나로 인해 누가 아플 수 있으니까.

내가 서 있는 계단 아래에 있어도 높아만 보이는 사람.
'존경'은 저절로 우러나는 마음이다.

내가 서 있는 계단보다 높은 곳에 있어도 낮아만 보이는 사람.

세상에는 인격의 키가 존재한다.

"어느 계단에서든 기도는 똑같아."

내가 신이라면 촛불의 밝기와 정성을 보지 않고 서로가 서로를 밝게 비춰주고 있는지 전체를 볼 것 같다.

열심히 뛰며 경쟁하던 사람들.

눈 감으면 모두 수평으로 돌아온다.

그래서 나는 밤을 사랑한다. 춥고 굳은 등뼈를 뉘여 휴식을 취하는 평화로운 밤, 마음과 몸을 이완하며 0으로 접어든다.

단지 높이나 무게감만으로 계단의 가치를 논할 수 있을까? 나는 저 계단이 어디로 가는 계단인지 궁금하다.

자기가 있는 계단만 깨끗이 청소해도 세상이 좋아질 텐데……. 자기 자리 청소 좀 하라고 하면 다른 사람들도 안 하는데 왜 나한테만 그러냐고 한다. 마지못해 하면서 밑으로 자기 쓰레기를 쓸어 넘긴다.

참 아름다운 사람을 만났지.

하지만 나는 올라가는 중이었고 그는 내려가는 중이었어.

바람이 매섭게 불던 날, 주변을 둘러보니 그 누구도 없더군!

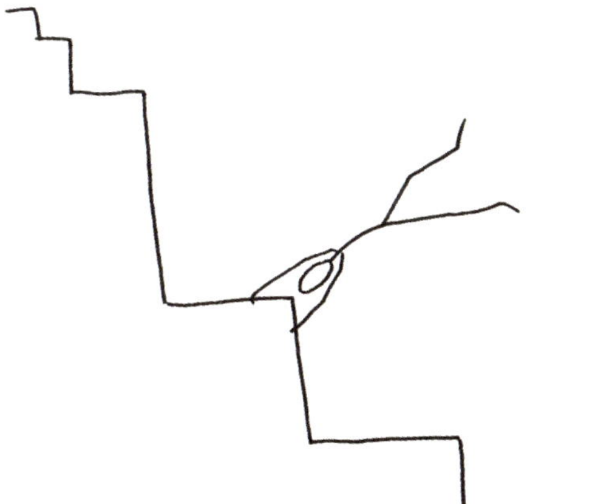

모두 다 계단이야, 계단!

생김새가 다르고 느낌이 다르다고 차별하면 되겠어?

오히려 다르니까 재미있고 좋은 걸!

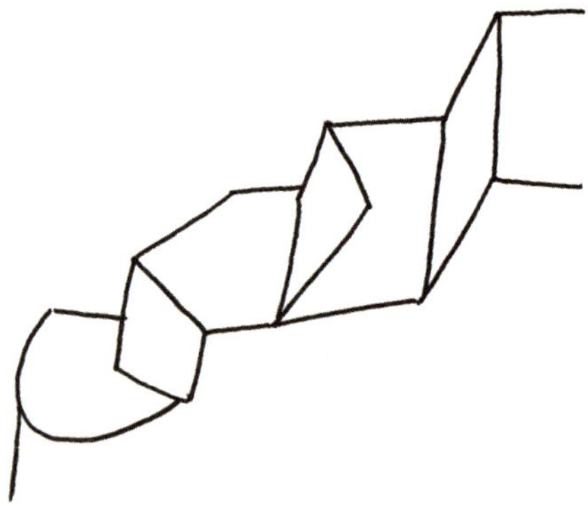

공원묘지에 가서 확인했어!

결국 죽어서도 계단을 떠날 수 없는 거야?

계단 속에 있느라 계단 밖을 못 봤어!

세상에 태어나 나 이외에 다른 아이들이 있다는 것을 인식하고부터 계단의 법칙을 배웠고 늘 그것을 의식하며 살아야 했다.

여기에서 태어났으니 여기에서 죽어야 하는가?

높은 곳일수록 머물 시간이 짧다.

이 굴레, 탈출구는 정말 없는 걸까?

굴레 밖으로 탈출했다고 생각했는데…….

그래도 안쪽보다는 좀 나아진 걸까? 위험한 것 같기도 하고 자유로워진 것 같기도 하고…….

꼭대기에서 마음 편히 누울 수 있는 사람이 있을까?

오만한 사람은 지나쳐온 계단을 모두 자기 것이라고 생각한다.

우리의 간격은 앞으로도 줄어들지 않을 거야!

너무 높은 곳은 꽃도 향기도 없잖아!

낮은 계단이 살 만한 것 같아!

위에 있는 계단과 아래의 계단 모두를 공유할 수는 없다.
잠시 스쳐가는 손님일 뿐인데…….

꼭대기부터 밑에까지 더럽지 않은 곳이 없군!
위가 더러우니 밑에도 당연히 더러운 거야.
이럴 경우 청소를 한 번에 다 해야 해.

바로 앞의 계단이 제일 높아 보인다.

인간의 마음이 바로 계단이야!

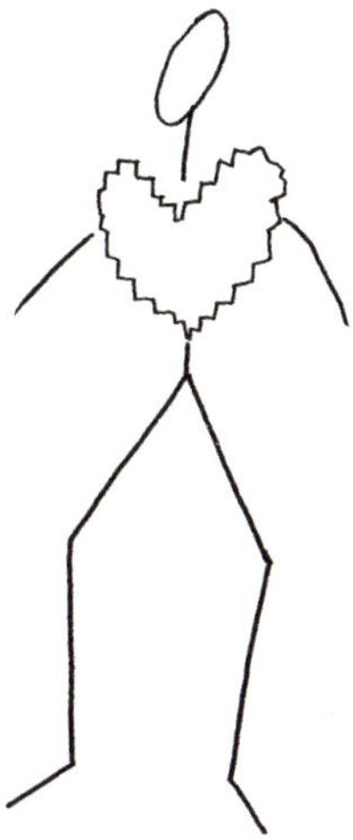

아무 고민 없이 놀던 어릴 적 계단이 좋았어.

그 계단에서는 개구리가 보였고 메뚜기가 뛰어다녔지! 새소리가 귀를 간질이고 하루하루가 즐거웠어. 잠들면서 친구와 놀 수 있는 내일이 기다려졌어!

"빨리 내려가면 후회하게 될 거야."

올라가는 시간만큼 내려가면서도 시간을 잡아야 해.

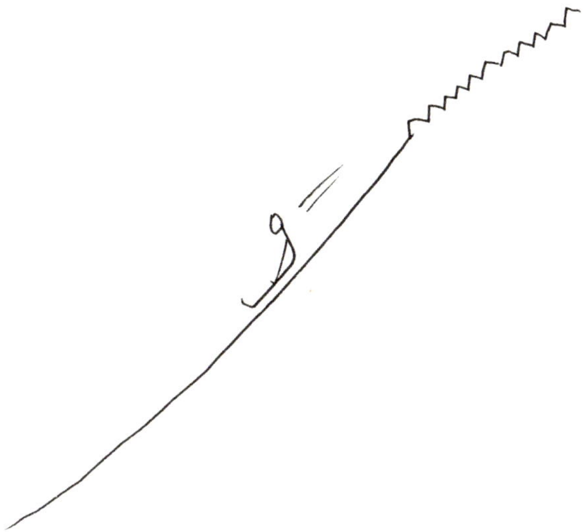

모서리를 없애고 텅 비어 내려오는 것이 참공부다.

내려가는 마음 길을 만들어가는 것은 올라가는 마음 길을 만드는 것보다 더 어렵다.

내 삶은 이 계단 하나로 충분해. 오히려 이것도 넓군!

저 사람들을 이곳에 모두 데려와 함께 살 순 없을까?

이 계단에 붙들려 나는 돌처럼 굳어가고 있어. 아니 점점 녹슬어가고 있어! 내가 여기서 이럴 때가 아닌데 시간은 흐르고 나는 늙어가고 있어.

어쩌면 좋아!

마음만 있으면 안갯속이나 혹은 캄캄한 밤에도 우리는 조금 더 앞을 내다보며 용기를 얻어 나아간다.

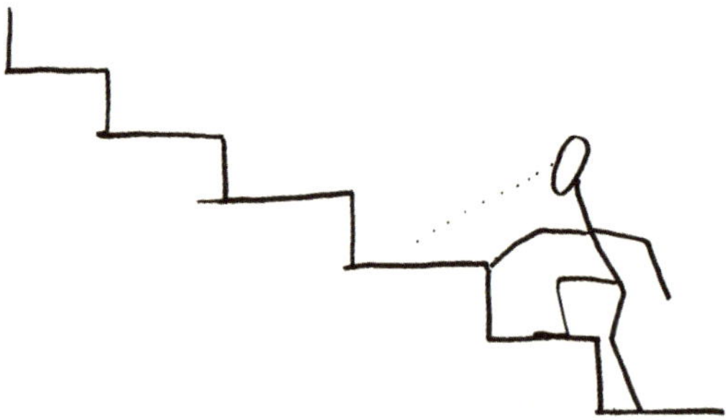

"나는 이 장소를 부모님께 물려받았어!"

"나는 혼자서 올라왔어."

도대체 우리가 있는 이곳이 어떤 곳인지 정확히 알고 있는 사람이 누구야?

내가 할 일은 평생 이곳에서 계단이 되어주는 것.

힘없으면 평지도 절벽같이 버티기 힘든데 힘이 차면 절벽도 평지처럼 쉽게 느껴지는군!

'의미', 그것은 계단이 내게 준 것이 아닌 내가 계단에게 선물한 것.

그가 마치 계단을 오르는 척 하고 있어.

하지만 그는 늘 그 자리야. 나는 전부터 그를 보아왔거든!

모든 것을 계단 탓으로만 돌리고 있군!

어느 계단에서든 아름다움을 찾을 수 있어!

인간이 만든 계단은 이제 거대한 권력이 되어 인간을 부리고 있어!

지나온 계단도 뒤돌아서면 다시 앞 계단이 된다.

그분이 머물렀던 계단에 가서 직접 온몸으로 느껴 봐야겠어.

정의롭지 않다면 자리를 과감히 버려야지.

제 욕심을 채우기 위해 수단과 방법을 가리지 않는군!

오르는 길은 고민하기 좋고,
내려오는 길은 사색하기 좋다.

히말라야처럼 높은 곳도 좋지만, 나는 낮은 곳으로 계속 내려가며 살펴보고 싶어.

이 묵직한 고민 밖으로 탈출할 순 없을까?

내가 만든 계단, 내가 끝까지 책임져야지.

계단이 정해놓은 것에 따라서 가고 있을 뿐!

이럴 때 계단은 정말 매력적이다.

아무리 높은 계단도 언젠가 때가 되면 평지로 돌아온다,

우리들의 노래가 서로 조화를 이루어 아름다운 합창이 될 수 있다면 얼마나 좋을까?

건방지게 굴지 마!
잘난 체 하지도 마!
오만하게 굴지도 마!
언제든지 너를 심판하고 공격할 수 있으니까!
그 자리에 있을 때 똑바로 해!
한순간에 훅 날아갈 수도 있어.

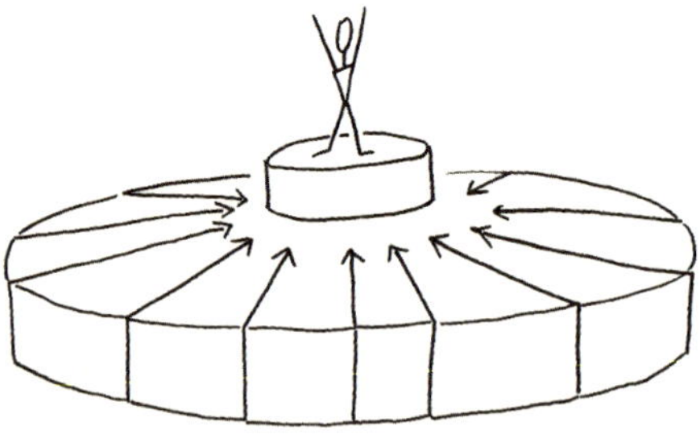

당신이 정말 훌륭한 사람이라면 계단에 입을 맞추기 보다는 평지에 입을 맞출 것입니다.

계단 모서리의 격과 그 가치관은 정신이나 삶을 지켜주는 성벽처럼 믿음직하다가도 혹시, 그 모서리에서 떨어질까 몹시 불안하기도 한 것이다.

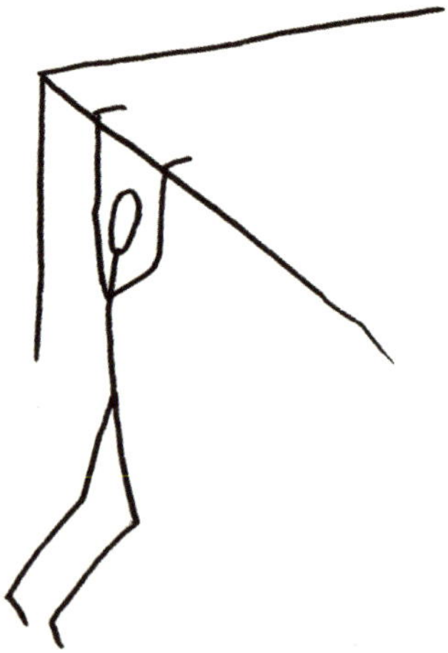

계단의 안쪽은 평화롭다. 안채처럼 평화롭다. 계단을 지나갔다고 해서 과연 계단의 안채까지 다 알고 지나갔을까?

"당신이 없었으면 중간에 포기했을 것입니다."
"저도 당신 덕분에 여기까지 즐겁게 올 수 있었습니다."

저 높은 곳에 오르더라도 초심을 잃지 마라!

초심은 이곳 평지니라.

한 때 저 높은 곳에서 살았었다고 교만하지 마라. 너는 언제나 평민이었다.

2014년의 '세월호'를 어떻게 잊을 수 있겠어!

"이 계단에서 떨어지면 죽을 거 같아!"

하늘에서 보면 다 똑같아 보여!

평범한 상상력을 동원하자면 계단의 재료는 화폐라는 것이지. 하지만 비범한 상상력을 동원하자면 계단의 재료는 화폐 이외의 모든 것이야!

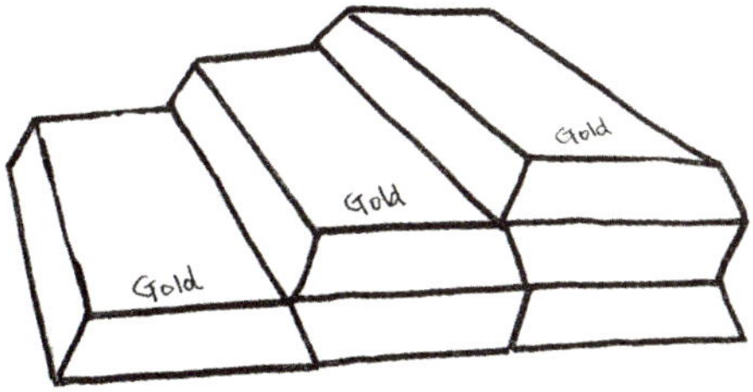

어린 아이들은 계단 아래에서 키워야 한다.

계단 아래의 세상은 무위 직관적으로 자연과 소통하는 자리이며 평등하고 행복한 자리이다. 어른이 되면 상황이 다르다. 어린 시절 자연속에서 마음껏 뛰놀던 경험이 평생 가슴에 지니게 될 아이들의 정서적 경전이다. 놀아라 놀아라 아이들아.